ماقاله كبارنا

من الأمثال الشعبية

الطبعة الأولى

2023

ISBN 978-614-503-044-7

دار البيان العربي
للدراسات والنشر

Tel: 00961 3 385 257 - Email: dar-albayan2021@hotmail.com

الدكتور كمال توبة

ماقاله كبارنا
من الأمثال الشعبية

2023

المقدمة

لم أفكر ولم يخطر في بالي يومًا طوال حياتي في إصدار كتاب أدبي أو شعري أو أي نوع خارج اختصاصي في جراحة الأطفال التي لي فيها منشورات ونجاحات، ولن أطيل... لكن هذه النصوص والافكار تولدت عندي في الغربة، وكان باكورة الأعمال إحياء مجلة مرآة الغرب، والآن الأمثال الشعبية وروافدها ومعانيها لما لها من أهمية في إغناء التراث الحضاري لكل شعب من شعوب الكرة الأرضية... فهي نهر جارٍ ونبع لا ينضب، لكنني حاولت جمع غيض من فيض هذه الأمثال التي أبطالها وقائلوها هم عامة الناس حيث يعكسون من خلالها تجاربهم الشخصية الحياتية الخاصة والاجتماعية اليومية أحيانًا بقالب مضحك وساخر، لكنه عميق المعنى لأن تلك الأمثال والمواقف كان يلقيها الكبار على مسامع صغارهم بهدف تثقيفهم وتعليمهم تجارب الحياة وأخذ العبر منها لأنها تبقى كمرآة تعكس آمال تلك الشعوب وحضارتهم التي بقيت وستبقى للأجيال التي ستأتي من بعدهم، وكما ذكرنا يمكن تعلمها في البيت أو المدرسة أو الحياة العامة، وهي تعطي القارئ الإحساس بأنه يملك الحقيقة

اجت الحزينة لتفرح ما لقت الها مطرح

كان يا ما كان في قديم الزمان كان هناك أسرة سعيدة تعيش في مدينة صغيرة... وكان لقب هذه العائلة: (تفرح) وكان عندهم بنت جميلة جدًّا كأنها القمر...

المهم أن هذه البنت بالرغم من الجمال الأخّاذ الذي تتمتع به، إلا أنه كان فيها عيب بسيط هو أنها كانت عصبية جدًّا...

وفي يوم من الأيام كان شاه بندر التجار اسمه: (مطرح) مارا في تلك القرية، وقرر أن ينام فيها ليلة فقالوا له: لا يوجد بيت كبير ومضياف في هذه القرية إلا بيت (تفرح)، هو الوحيد الذي يتحمل الزوار، فذهب إلى هناك فوجدهم ناس كرماء، وقد رحبوا به، وبينما هو عندهم رأى (الحزينة) وهي ابنة صاحب الدار وأسر بجمالها وقرر ان يخطبها لولده الذي كان اسمه: (الها)

وبالفعل طلب يدها ووافقوا عليه...

ومرت الأيام ودارت، وقرب يوم الزواج، وقبله بليلة صارت مشكلة بين (الحزينة) و (الها) وصار بينهم زعل وخصام شديد

بسبب عصبية ومزاجية الحزينة... وفي اليوم التالي قبل العرس بدأت الحزينة تفكر وقالت: لا أنا غلطت وعصبيتي ضيعتني، ويجب أن أتاسفمنه... وراحت تأسفت له، ولكن هو رضي عنها ظاهريًّا ولكن كان في باله فكرة خبيثة، ألا وهي الإقلاع عن الزواج منها...

وفي اليوم التالي، وهو يوم العرس أتت الحزينة في كامل أناقتها، والمفروض أن (الها) ينتظرها، لكنه ذهب واختفى ولم يفعل ذلك... وتأخر الوقت وبدأت الناس تتململ وتخرج من العرس وفي طريقهم كانوا يسألون أين العريس ولماذا هذا الزعل؟ كان جواب الأهل عليهم: "إجت الحزينة لتفرح ما لقت الها مطرح". ومن هنا جاء هذا المثل...

نحن دافنينو سوا . . . أو نحنا دافنينو للشيخ زنكي سوا:

والقصة أن رجلين كانا مسافرين على أحد الجبال على حمار، ومن التعب نفق الحمار وخرّ ميتًا وكان الطريق طويلًا، وكانا غير مستعجلين، فقرّرا أن يمضيا الليل في دفنه، وأقاما على قبر الحمار شاهدًا، وعندما طلع الصباح مرّ بهما ثلة من الرجال فسألوهما: لمن هذا القبر العظيم؟ فقالا: هذا لأحد الأولياء الصالحين،

ونحن هنا لحراسته من العبث. فتأثّر الرجال ووضعوا على القبر نقودًا وفاكهة وهدايا وغادروا، فأعجب الرجلان بالفكرة وشاع بين الناس أن وليًّا صالحًا مدفونٌ على أعلى الجبل، فصار الناس يتوافدون على الجبل بالهدايا الثمينة والنقود والرجلان سعيدان بالرزق الوفير الذي جاءهما من وراء الحمار، حتى اندمجا في الدور تمامًا فلم يشك بهما أحد.

المهم في أحد الليالي جلس الرجلان يقتسمان الغلة معًا واختلفا على القسمة، فقال أحدهما: (فلنصل ركعتين عند قبر هذا الولي الصالح لعلّه يحكم بيننا) فقال له زميله: (هل نسيت يا حلو:.. ما نحنا دافنينو سوا!!) ومن هنا جاء المثل، ومنهم من يقول إن اسم الحمار كان (زنكي) لذلك هناك من يقول: دافنينوا سوا لزنكي...

إيد من ورا، إيد من قدام

يُحكى أن أحد الرجال الميسورين وحالته منيحة "مرتاح ماديًّا" دخل ليلعب قمار، ولم يكن الحظ معه، أي لم يحالفه الحظ فبدأ أولا بخسارة النقود التي بحوزته، وعندما نفذت نقوده بدأ بخسارة ثيابه قطعة قطعة، حتى بقي كما خلقتني يا رب "بالزلط

عالخالص ''، عندها لم يعد يسمح له باللعب فطردوه من اللعب؟ ومن ثم طردوه إلى خارج محل لعب القمار عاريًا... استحى من الناس ولكي يخفي عورته وضع يد من الوراء ليغطي عورته من الخلف ووضع يد من الأمام لتغطية المكان الأمامي أي من قدام؟ ومن هنا جاء هذا المثل: إيد من ورا وإيد من قدام...

لولا جراده ما وقع عصفور

وقصة هذا المثل:

يُحكى أنه كان هناك شيخٌ يُدعى: عصفور، وكانت له زوجة تُدعى: جرادة، وكانا يعيشان حياة فقر وعوز، وفي أحد الأيام أشارت عليه زوجته أن يبحث له عن عمل، ولما لم يجد ما يعمل به، أشارت عليه أن يعمل نفسه ساحرًا ويجلس على الرصيف، ويحكي ما شاء له من الكلام عله من يأتي ببعض النقود في نهاية اليوم ليشتروا بها ما يقتاتون به، وافق عصفور على رأي زوجته وذهب في اليوم التالي إلى المدينة وجلس على الرصيف وبسط أمامه منديلًا ووضع عليه الرمل وأخذ يخط عليه بأصابعه وكأنه يتقن أسرار هذه الصنعة، فتهافت الناس عليه كل يسأله عن حل لمشكلته، وهو يلقي الكلام على عواهنه بعفوية وبساطة وكيفما

اتفق، ولكنه كان كثيرًا ما يصيب، وكان يعود في نهاية اليوم وقد جمع كثيرًا من النقود حتى تحسّنت حاله، ودام على ذلك فترة من الزمن اكتسب خلالها شهرة واسعة، واكتسب كذلك جرأة على العمل في هذا المجال، وحدث في أحد الأيام أن سطت عصابة من اللصوص على خزنة الملك وسرقوا منها صندوقين من المال، فدعا الملك وزراءه وتشاوروا في الأمر وقرروا البحث عن ساحر يضرب الرمل ويكشف عن مكان الصناديق المسروقة ويكشف عن السارقين، ولما كان عصفور قد اكتسب شهرة واسعة وصلت إلى مسامع الملك وحاشيته، أمر بإحضاره وطلب منه الكشف عن مكان الصندوقين واللصوص، أُسقط في يد عصفور ولم يدر ما يعمل وطلب مهلة من الملك ليدبر أموره ويضرب الرمل ويستشير أعوانه، فأعطاه الملك مهلة أربعين يومًا، ولما كان عصفور لا يعرف الحساب ولا العَدّ، فأخذ زوجته إلى السوق واشترى اربعين حبة رمان ليأكل كل ليلة رمانة منها فيعرف ما تبقى من أيام المهلة. وسمع اللصوص الخبر، وكانوا أربعين لصًا وزعيمهم، فخشوا من افتضاح أمرهم وأيقنوا أن عصفور كاشف عنهم لا محالة. وفي الليلة الأولى طلب زعيم اللصوص أن يذهب أحدهم إلى بيت عصفور ويتجسس الأخبار ويحاول أن يسمع ما يقوله عصفور، وقبل أن ينام عصفور طلب من زوجته أن تحضر رمانة ليأكلوها

لانقضاء أول ليلة من أيام المهلة، وعندما أحضرتها قال عصفور هذا أول واحد من الأربعين وهو يقصد أول يوم من الأربعين يومًا، ولما سمع اللص ذلك سقط قلبه في جوفه، وظن أن عصفور قد شعر به وعلم بوجوده، فهرب وعاد إلى زعيمه وأخبره بما سمع من عصفور وكيف شعر به وعلم بوجوده دون أن يراه، وفي الليلة التالية بعثوا لصًا آخر ليتجسس أخبار عصفور، وعندما أحضرت له زوجته الرمانة قال هذا ثاني واحد من الأربعين وحدث مع الثاني كما حدث مع الأول، ودام الحال على ذلك عدة ليال حتى ضج اللصوص من الخوف واقشعرت أبدانهم ولما لم يرض أحد منه بالذهاب إلى بيت عصفور قرر الزعيم الذهاب بنفسه وسماع ما يقوله عصفور، وفي المساء عندما أحضرت زوجة عصفور له الرمانة أمسك بها وكانت كبيرة وأكبر واحدة في الرمانات، فقال عصفور هذا أكبر واحد في الأربعين وهو يقصد حبة الرمان، أما الزعيم فظن أنه يقصده لأنه أكبر واحد في العصابة وهو زعيمهم فخاف وعاد إلى أصحابه وقرر إعادة الصندوقين وتسليم أنفسهم، وهكذا فعلوا، فسلمهم عصفور في اليوم التالي إلى الملك وطلب منه أن يخفف عقوبتهم. وطار صيت عصفور بعد ذلك وانتشر خبره وعمت شهرته كل أرجاء المملكة وأصبح ساحر القصر بلا منازع، وفي يوم سألته الملكة وكانت حاملًا وعلى وشك الوضع:

هل تعرف أين سألد يا عصفور، فكر عصفور مليًا ولما لم يعرف الجواب قال: لا فوق ولا تحت، وصعدت الملكة الدرج إلى حجرتها فسابقها الطلق ووضعت قبل أن تصل إلى غرفتها، فقالت صدق عصفور فقد تنبأ لي بذلك وكافأته وأحسنت إليه. أما الوزير فكان يشك في صدق عصفور ويقول للملك إنه كاذب، وفي يوم سنحت له الفرصة أن يمتحن عصفور ويوقع به، وذلك أن جرادة طارت من مكانها ومرت أمام شرفة القصر وعلى مرأى من الملك ووزرائه فانقض عليها عصفور وابتلعها وكانت كبيرة فوقفت في حلقه ولم يستطع ابتلاعها فوقع ومات، فكر الوزير بمكيدة يوقع بها عصفور فقال للملك إن كان ساحرك ماهرًا فدعه يخبرنا كيف مات هذا العصفور فأمر الملك بإحضاره وسأله الوزير عن سبب ميتة العصفور، عرف عصفور بالمكيدة لأنه كان يعرف كراهية الوزير له، وجعل يندب حظه ويلوم زوجته التي أشارت عليه وأوقعته في هذا المأزق وقال وهو يجهش بالبكاء: لولا جرادة ما وقع عصفور، وهو يقصد لولا جرادة زوجته لما وقع هو في هذا المأزق، وظن الملك والوزير أنه يقصد لولا الجرادة التي وقفت في حلق العصفور لما وقع ومات ففرح الملك لفشل مكيدة وزيره وأمر بمكافأة عصفور على ذلك الذي لم يكن يصدق بالنجاة، وهذا المثل يقوله من يقع في ورطة أو مأزق بعد أن يستمع إلى

مشورة بعض الناس الذين يغررون به ويوقعونه في مواقع الردى والمهالك ومن هنا جاء هذا المثل: لولا جراده ما وقع عصفور...

أُكلت يوم أكل الثور الأبيض

قصة هذا المثل: أنه كان يعيش في إحدى الغابات أسد، بالاضافة إلى ثلاثة ثيران: واحد أبيض اللون والآخر أسود والثالث أحمر. فأخذ الأسد يفكر كيف يستطيع أن يأكل هذه الثيران، ولكن ما كان يثير استغرابه وفضوله الوحدة بينهم... وذات يوم قال الأسد للثورين الأحمر والأسود ان وجود الثور الأبيض يشكل خطرًا كبيرًا علينا، لأن لونه يختلف عن ألواننا فلو تركتماني آكله صفت الغابة لنا، فقالا له:هو لك فكله. مضت الأيام فجاء للثور الأحمر وقال له: لوني

يشبه لونك فدعني آكل الثور الأسود، فقال له: هو لك فكله، ولم يبق في الغابة إلا الثور الأحمر، حيث اصبح من السهل أكله لأنه أصبح وحيدًا بعد أن أكل أخويه، فقال له الأسد: سآكلك لا محالة فأجاب الثور: أُكلت يوم أُكل الثور الأبيض...

المتعوس متعوس ولو علقولوا برقبته فانوس

كان هناك أخوان، أحدهما ثريٌّ والآخر فقير، كان يتساءل الناس لماذا لا يساعد الثري أخاه الفقير (المتعوس) ويعطيه مما أعطاه الله؟ في إحدى المرات صارح أحد أصدقاء الثري بما يتداوله الناس عنه، فأقسم له الثري أنه يحاول مساعدة أخيه (المتعوس)، إلا أنه يرفض ذلك، وقد حاول مساعدته بطريقة غير مباشرة، إلا أنه كان يفشل في كل مرة.

لاحظ الأخ الثري أن صديقه لم يصدق ما يقول، وقرّر أن يثبت له ذلك، فأعطى صديقه صرة فيها مال وطلب منه أن يلقيها في طريق أخيه المتعوس، ففعل الصديق، وجلسا في انتظار الأخ الفقير، وبعد فترة وجيزة دخل عليهما المتعوس وتوقعا أن يخبرهما بأنه وجد صرة المال ليسأل عن صاحبها، إلا أنه لم يفعل!! فقد أخبرهما أنه راهن نفسه في هذا اليوم أن يأتي إلى البيت مغمضًا عيناه وقد فعل!! فصاح فيه صديق أخيه: المتعوس متعوس لو علقوا برقبته فانوس، وهناك مثل آخر بالمعنى نفسه:

المنحوس منحوس لو علقوا على بابه فانوس بينطفي وان شعلوه بينوس

الفانوس: هو السراج - ينوس أي يخفت ضوؤه بشدة...

إذا كان الكلام من فضة فالسكوت من ذهب

يُحكى أن من اكثر الأمثال العربية رواجًا، المثل: "إذا كان الكلام من فضة فالسكوت من ذهب". ولهذا المثل حكاية، ربما بني المثل على أساسها، أو ربما بنيت الحكاية على المثل، إذ يُحكى أن رجلًا أصابه فالج فأقعده، والمثل يقول: "فالج لا تعالج". وكان الرجل ملحاحًا كثير التذمّر، لا يستقر على حال ولا يهدأ له بال. فابتكر أولاده طريقة لتسليته، وهي أنهم استأجروا أحد مثقفي قريتهم يجلس إليه باستمرار ويسليه بما عنده من قصص وأخبار، لقاء نصف "مجيدي" في النهار، إلى أن أخذ الله منه أمانته فأراح واستراح.

وحدث بعدئذٍ، أن رجلًا آخر في القرية، شاخ وأقعده عجزه عن الذهاب والإياب، وكان كثير الكلام يسعده أن يجد من يصغي إلى أحاديثه باهتمام، ففطنت زوجته إلى (المثقف) نفسه ودعته وقالت له: "دفع لك الجماعة نصف مجيدي في النهار، لقاء أحاديث متواصلة كان عليك أن تجهد عقلك لتدبيرها وأن تتعب لسانك بسردها لكي تسلي الرجل، أما أنا فكل ما أطلبه منك أن تجلس فقط إلى زوجي وتصغي إلى أحاديثه، من دون أي عناء، وادفع لك الأجرة نفسها".

فقبل وباشر عمله بالجلوس والإصغاء إلى الرجل، الذي

صادف أن لسانه لا يزال سليمًا معافى، دون سائر أعضاء جسمه - مثل الصباط يهترئ ويبقى لسانه جديدًا - وهكذا بدأ الرجل يتكلم، بدون انقطاع، فيأخذ المثقف ثم يرده، ثم يعيده بالحديث إلى حيث بدأ به، ثم يسأله: "أين صرنا بالكلام؟" فيبدأ القصة أحيانًا من طرفها ثم يعود إلى أولها... "وفتناك بالكلام"... "وبيرجع مرجوعنا"... "وبلا مؤاخذة من حضرتك"... "وتنذكر ما تنعاد"... "ويرحم بيك"...، ولم تكد تمر ساعة من الزمن حتى ضاق صدر المثقف وفرغ صبره، فنادى زوجة الرجل وقال لها: "بدي اعرف مين قال إنو سعر السكوت مثل سعر الحكي؟ استلمي زوجك وأنا رزقتي عالله".

ولذلك يقول المثل: "الكلام من فضة والسكوت من ذهب".

لولا صندوق مكي كانت حالتها بتبكي

يُقال إن رجلًا إسمه (مكّي) كان يدور في الحارات وهو يحمل صندوقًا يحتوي على مواد التجميل المتواضعة المعروفة آنذاك ويبيعها لنساء الحارات... وكانت إمرأة قبيحة تشتري منه دائما كلما مر أمام باب بيتها...

وفي يوم من الأيام جاء ذكرها في مجلس للنساء، فاختلف النساء بتوصيفها هل هي جميلة أم لا؟ فقامت إحداهن وأعطت رأيها بهذا المثل: لولا صندوق مكي كانت حالتها بتبكي، ومن هنا جاء هذا المثل.

اللي بيعرف بيعرف واللي ما بيعرف بيقول كف عدس

كان لفلاح ابنة صبية، وكانت تعاونه يومًا في "تذرية" العدس على البيدر. إلا أنه اضطر إلى أن يذهب لقضاء إحدى الحاجات، وعندما رجع وجد ابنته في وضع مريب مع شاب غريب وراء عرمة العدس.

فثار الفلاح وأخذته الحميّة وهجم على الشاب الذي ولّى هاربًا أمامه إلى حيث كانت جماعة من الرجال تدخّلوا لفضّ الخلاف وسألوا الشاب فأجاب أنه أخذ كفًّا من العدس، أي حفنة من العدس من بيدر الرجل، فهجم عليه يريد قتله من أجل كف العدس.

فصاح الجماعة بالفلاح: "ويحك يا رجل! أتريد أن تقتل الشاب من أجل كف عدس"! فاستدرك الفلاح وأدرك حالًا أنه ليس من مصلحته ومصلحة ابنته أن يعرفوا الحقيقة وقال: "صحيح وين

كانوا عقلاتي... روح يا ابني الله يسامحك بكف العدس.

وانتقلت قضية "كف العدس" إلى دواوين القيل والقال: كيف حاول الفلاح أبو فلان وهو رجل راجح العقل أن يقتل شابًّا من أجل كف عدس !!!

بيد أن رجلًا واحدًا من أهل القرية كان قد رأى، من بعيد، ما حدث وراء عرمة العدس، ولأن كتمان السر من صفات أهل الشرف اكتفى بالقول: "اللي بيعرف بيعرف، واللي ما بيعرف بيقول كف عدس.

الدراهم مراهم

يُحكى أن رجلًا تافهًا كان لا يقيم أهمية لكرامته، فأباح لنفسه ممارسة أعمال مشينة من أجل الحصول على المال، فجاءه أحد أفراد عائلته من باب الحرص على سمعة العائلة لأنه أحد أفرادها، وطلب منه أن يمتنع عن ممارسة تلك الأعمال المشينة التي لا تليق بشخصه وعائلته، فطلب منه الجلوس وأحضر ورقة وكتب عليها كلمات غير لائقة ومن ثم أحضر ورقة نقدية معينة وجعلها فوق تلك الكلمات بحيث أخفت تلك الورقة النقدية الكلمات المشينة، وسأله: هل ترى ما كتب؟ (وهي عبارات مشينة ينعتونه بها).

فأجابه: كلا. فقال له: الدراهم مراهم، فالمراهم تشفي الجروح
ولا تبقي لها أثرًا، كذلك الدراهم تخفي العيوب والصفات غير
الحسنة، وذهب قوله مثلًا يضرب لأثر المال في قيمة الإنسان.
وقد ورد في العربية أمثال تتضمن المعنى نفسه كقولهم: (الدراهم
كالمراهم تجبر العظم الكسير)، وقولهم: (الدراهم لجروح الدهر
مراهم). وقد اتسع استخدام المثل فصار يضرب به للرجل الذي
تحسنت أحواله وأوضاعه المعيشية ونسي ما عاناه من ظروف
صعبة وما قاساه من وطأة العوز والحرمان، فما هي في التحقيق
إلا مراهم، على حد قول أحدهم:

الدراهم كالمراهم تجبر العظم الكسير

ولو وضعت بجلد واوي يصبح الواوي أمير؟

خذوا الحكمة من أفواه المجانين

يقولون إنه كان هناك رجلٌ ثريٌّ قد توفي في بلد بعيد عن بلده
ووصل خبر وفاته إلى أولاده، وحدد ولده الكبير يومًا للعزاء،
ولكن إخوته طالبوا بالميراث، فقال انتظروا حتى ننتهي من
مراسيم العزاء فرفضوا، وقالوا بل نقسم التركه اليوم، قال ماذا
تقول الناس علينا لم نصبر! فرفض مطلبهم فذهبوا إلى المحكمة

وأقاموا دعوى عليه وأرسل له القاضي أمرًا للحضور، وأخذ يفكر ماذا يفعل؟

ذهب إلى أحد عقلاء البلد ليستشيره، وكان صاحب رأي سليم، فسرد عليه القصة وقال انظر لي مخرجًا، قال له الحكيم: اذهب إلى فلان سوف يفتيك ويعطيك الحل، قال له إن فلانًا مجنون كيف يحل مشكله عجز في حلها العقلاء!

قال اذهب إليه لن يفتيك غيره، فذهب إليه وسرد عليه القصة، وبعد أن انتهى من كلامه، قال له المجنون قل لإخوانك: هل عندكم من يشهد بأن أبي قد مات؟ قال: خذوا الحكمة من أفواه المجانين، كيف لم أفكر في هذا .

وذهب إلى المحكمة وقال للقاضي ما قاله له المجنون، قال القاضي إنك محق هل عندكم شهود قالوا: أبونا توفي في بلد بعيد وجاءنا الخبر ولا يوجد شاهد على ذلك، قال لهم القاضي أحضروا الشهود، وظلت القضية معلقة إلى سنه ونصف، وقال لهم أخوهم: لو صبرتم أسبوعًا كان خيرًا لكم، وهذه هي قصة هذا المثل .

دخول الحمام مش مثل خروجه

افتتح أحد رجال الأعمال حمامًا، وأعلن أن دخوله عند الافتتاح سيكون مجانًا، وعند دخول الزبائن إلى الحمام كان صاحب الحمام يحجز ملابسهم ويرفض تسليمها لهم عند الخروج إلا بمقابل بدل مالي يدفعه الزبون ليستعيد ثيابه، والزبائن يحتجون قائلين: ألم تقل بأن دخول الحمام مجاني؟ فكان يرد عليهم: دخول الحمام مش زي خروجه!

إذا أقبلت باض الحمام على الوتد
وإذا أدبرت بال الحمار على الاسد

وقصة هذا المثل أنه كان يا ما كان في قديم الزمان، رجل يدعى أسد. وأسد كان رجلًا غنيًّا وابن والٍ وحاكم. مرت الأيام عليه وهو في رغد من العيش، إلى أن مات والده، وبعد فترة تغيّرت الأحوال وانقلبت رأسًا على عقب، وأصبح أسد رجلًا فقيرًا لا يجد قوت يومه. تعست أحوالة يومًا بعد يوم، وفي أحد الأيام قرر أن يغادر بلاده للبحث عن عمل في بلاد أخرى ليعتاش. جال في بلدان كثيرة ولم يحالفه الحظ بعمل جيد. وفي أحد الأيام قاده حظه العاثر وحصل على عمل عند أحد التجار الكبار، ولكن أسدًا

لم يفصح عن شخصيته وعن اسمه الحقيقي، المهم العمل كان إطعام الخيول والحمير وتنظيف أحواشهم، قبل أسد بالعمل وبدأ رحلة الكد والعناء والشدة بعدما كان في بحبوحة. ابتدأ العمل واستمر فيه فترة من الزمن رغم التعب من العمل وساعاتة الطويلة. وفي أحد الأيام كان ينضف (حوش الحمير) ومن كثر تعبه غلبه النعاس ونام في الحوش عند الحمير، ومن حظة العاثر أتى أحد الحمير ووقف فوقة وهو نائم وبال على أسد استيقظ أسد عندما شعر بشيء يقع عليه وقال: (إذا أقبلت باض الحمام على الوتد وإذا أدبرت بال الحمار على الأسد).

وكان التاجر مارًّا بالقرب من مكان أسد. فسمع أسد يقول: إذا اقبلت باض الحمام على الوتد وإذا أدبرت بال الحمار على الأسد، ناداه التاجر وقال: سمعتك تتكلم ماذا تقول؟ قال أسد: أبدًا لم أقل شيئًا، أصر التاجر على سماع ما قاله، المهم أسد أعاد له الكلام. قال له هل اسمك أسد؟ قال: نعم. قال له: ولماذا أخفيت عني اسمك الحقيقي؟ قال أسد: أنا شخص معروف في بلادي وأنا ابن والٍ وحاكم ولكن دارت الأيام وجعلتي بهذا الحال، لذا أخفيت شخصيتي وغيّرت اسمي. قال له التاجر: من هذة الساعة أنت نائبي ومستشاري ووكيلي. اذهب واشتر لك ما شئت من ملابس، فعملك الآن معي ومقامك من مقامي. وهنا تغيرت أحوال أسد

وتحسنت وأصبح مستشار كبير التجار وله مقامه بين الناس.

وفحوى القصة أن الأحوال تتغير وتتبدل ولا فيها شيء مستحيل، ممكن شخص له مقامه ومكانته عند الناس وتجور عليه الأيام ويذل، والزمن كما يقولون غدار.

في الصيف ضيعت اللبن

وقصته تقول إنه كان هناك شيخ جليل يتمتع بصفات طيبة ونبيلة من أهمها الكرم... وكانت له زوجة جميلة إنما طماعة وناكرة للمعروف. أحبت هذه الزوجة ذات يوم شابًا وسيمًا في مثل سنّها وحاولت جاهدة حتى نالت الطلاق من الشيخ (وقد طلبت الطلاق في الصيف) لتتزوج من تحب ولم يكن حبيبها ميسور الحال وذا مال، وبعد فترة وجيزة ضاقت بهم الدنيا وأصبح هذا الشاب يرفض البحث عن عمل وصار جليس المنزل... فصارت الفتاة تذهب إلى البيوت علها تجد ما يسد حاجتهم... فطرقت بالصدفة باب زوجها الأول وطلبت منه بتوسّل شربة لبن... ولم تعرفه، ولكنه عرفها فقال لها: في الصيف ضيعت اللبن، ومن هنا جاء المثل، ويضرب هذا المثل لمن تكون عنده نعمة ويتسبب هو في فقدانها ويندم بعد فوات الأوان.

وافق شن طبقة

كان رجلٌ من دهاة العرب وعقلائهم يقال له: شَنٌّ. فقال: لأطوفَنَّ حتى أجد امرأةً مثلي فأتزوجها. فبينما هو في بعض مسيره إذ أوقفه رجلٌ في الطريق. فسأله شن: أين تذهب؟ فقال موضع كذا، (يريد القرية التي يقصد لها شن). فرافقه فلما أخذا في مسيرهما، قال له شن: أتحملني أم أحملك؟ فقال له الرجل: يا جاهل، أنا راكب وأنت راكب فكيف أحملك أو تحملني؟! فسكت عنه شن، وسارا، حتى إذ اقتربا من القرية، إذا هما بزرع قد استحصد فقال له شن: أترى هذا الزرع أُكل أم لا؟

فقال له الرجل: يا جاهل، ترى نباتًا مستحصدًا، فتقول أتراه أُكل أم لا؟!

فسكت عنه شن، وسارا، حتى إذا دخلا القرية لقيتهما جنازة فقال شن: أترى صاحب هذا النّعْش حيًا أم ميتًا؟ فقال له الرجل: ما رأيتُ أجهل منك! ترى جنازة فتسأل عنها أميّت صاحبها أم حيّ فمضى معه. وكانت للرجل ابنة يقال لها: طَبَقَةُ. فلما دخل عليها أبوها سألته عن ضيفه فأخبرها بمرافقته إياه، وشكا إليها جهله وحدثها بحديثه. فقالت: يا أبتِ، ما هذا بجاهل. أمّا قوله: أتحملني أم أحملك فأراد: أتحدثني أم أحدِّثك حتى نقطع طريقنا. وأما قوله: أترى هذا الزرع أُكل أم لا، فإنما أراد أباعه أهله فأكلوا ثمنه أم لا.

وأما قوله: أترى صاحب هذا النّعْش حيًا أم ميتًا، فأراد هل ترك عَقِبًا يحيا بهم ذِكْرُه أم لا. فخرج الرجل فقعد مع شنّ، فحادثه ساعة، ثم قال له: أتحبّ أن أفسر لك ما سألتني عنه؟

قال: نعم. ففسره.

فقال شنّ: ما هذا من كلامك، فأخبِرْني مَنْ صاحبه.

فقال: ابنة لي. قال: تلك التي أبحث عنها؟ فزوّجه إيّاها وحملها إلى أهله. فلما رأوهما قالوا: وافق شَنٌّ طبقة! ومن هنا جاء المثل.

ما بين حانا ومانا ضاعت لحانا

يقول الراوي يا سادة يا كرام إن هناك رجلًا متزوّجًا بامرأتين إحداهما اسمها حانة والثانية اسمها مانة وكانت حانة صغيرة في السن عمرها لا يتجاوز العشرين بخلاف مانة التي كان يزيد عمرها على الخمسين والشيب لعب برأسها فكانت كلما دخل إلى حجرة حانة تنظر إلى لحيته وتنزع منها كل شعرة بيضاء وتقول يصعب علي عندما أرى الشعر الشائب يلعب بهذه اللحية الجميلة وأنت ما زلت شابًا فيذهب الرجل إلى

حجرة مانة فتمسك لحيته هي الأخرى وتنزع منها الشعر الأسود وهي تقول له يكدرني أن أرى شعرًا أسود بلحيتك وأنت رجل كبير السن، جليل القدر ودام حال الرجل على هذا المنوال إلى أن نظر في المرآة يومًا ونظر إلى لحيته فرأى بها نقصًا عظيمًا فمسك لحيته بعنف وقال: بين حانة ومانة ضاعت لحانا.

مش رمّانة، قلوب مليانة

يُحكى أن شابًّا أحب فتاة من فتيات قريته وأراد الزواج منها، إلا أن أمه كانت تعارض هذا الزواج كليًّا لخلاف مع عائلة العروس، إلا أن الشاب أصر على الزواج من تلك الفتاة، ولن يتزوج من غيرها، فما كان من الأم إلا أن وافقت على مضض، وفي يوم الزفاف كانت العادة آنذاك أن تأتي الحماة برمانة لتدوس عليها العروس قبل دخولها بيت زوجها للمرَّة الأولى، إلا أن الحماة وبسبب حقدها على الفتاة وأهلها أحضرت رمانة فاسدة ووضعتها تحت قدم العروس، فلمَّا داستها فاحت رائحتها الكريهة، فعرف الناس ما صنعته الحماة وقالوا: القصة "مش رمَّانة، قلوب مليانة" ومن هنا جاء المثل...

الولد ولد ولو حكم بلد

يُحكى أن والي مصر محمد علي باشا خرج يومًا يتنزّه مع بعض أفراد حاشيته، فمروا بأولاد يلعبون "بالكلل" أو الدحل وفي بعض القرى البنانير، وكان بينهم ولد يلبس طربوشًا جديدًا فتناوله محمد علي باشا عن رأسه وقال له:" بكم تبيع هذا الطربوش"

فقال :"طربوشي كان سعره عشرين مصرية قبل أن تمسكه يدكم الكريمة، أما الآن فقد أصبح في يدكم الكريمة أغلى من أن يباع بثمن".

فأعجب محمد علي باشا ببداهة الولد وقال لمن معه :"هذا الولد ! ربما صار يومًا حاكمًا عظيمًا. ثم قال له:" إذا أعطيتك ثمن الطربوش ألف مصرية فماذا تفعل بها"؟ قال:" أشتري كللًا وألعب بها مع رفاقي". فضحك محمد علي باشا وقال: "الولد ولد ولو حكم بلد.

من تدخّل في ما لا يعنيه، لقي ما لا يرضيه

يُحكى أن فلاحًا كان يقتني ثورين لحراثة أرضه وحمارًا يركب عليه عندما يذهب إلى عمله. وحدث أن الحمار أراد في إحدى الليالي أن يمدّ حديثًا مع أحد الثورين. فسأله عن صحته، وعن أحواله. قال الثور: "إنه مرهق من التعب لأن صاحبه الفلاح يفلح عليه من الصباح إلى المساء". فتبرع له الحمار بنصيحة، قال: اترك عليقك ولا تأكله هذه الليلة، فيظن صاحبنا أنك مريض ويعفيك من عملك". قبل الثور نصيحة الحمار. ولما جاء الفلاح عند الصباح ووجد عليق الثور ما زال في معلفه، قال: لا بد أن يكون الثور مريضًا فتركه، وأخذ الحمار فربطه إلى جانب الثور الآخر وفلح عليه حتى المساء. فشعر الحمار بكثير من الندم، لأن نصيحته للثور سببت له كثيرًا من المشقة. قال: "صدق من سماني حمارًا، وما حدث اليوم دليل على حمرنتي."

ولما رجع المساء، شكره الثور لأنه عمل بنصيحة الحمار فارتاح في ذلك النهار، قال: "لا بد أن تكون عندك نصائح أخرى مفيدة، يا أخي الحمار فلا تبخل عليّ بها." قال الحمار: لا توجد عندي غير نصيحة واحدة أنصح نفسي بها قبل آخرين وهي: "من تدخل في ما لا يغنيه، لقي ما لا يرضيه." وجرى جواب الحمار مجرى المثل إلى يومنا هذا...

مثل بقرة جحا

يُحكى أن بقرة جحا عثرت وكسرت ساقها. وبما أن كسور البهائم لا تجبر، اضطر جحا إلى أن يذبح بقرته ويوزع لحمها هدايا على أهالي القرية، ثم ما لبث أن بدأ يطوف على أهالي القرية يجمع الإعانات لتأمين ثمن بقرة جديدة، وكان جحا كلّما أنهى جولة جديدة بدأ جولة أخرى في جمع الإعانات، وهكذا دواليك، وبقيت الناس تدفع، وبقي جحا يجمع إلى يومنا هذا.

مثل مسمار جحا

مسمار جحا

مسمار جحا هي رواية تحكي قصة جحا عندما قرر أن يبيع بيته، فباعه إلى أحد المشترين واشترط في العقد أن يبقى بيع البيت ما عدا مسمارًا موجودًا على الحائط، ويكون له الحق في أن يأتي كلما أحب أن يزور مسماره ويطمئن عليه، فوافق المشتري على أساس أنه أمر وقتي، ولكنه فوجئ بحضوره كل يوم صباحًا ومساءً حتى

يطمئن على المسمار حتى استاء أهل البيت من ذلك، ولكنه لم يقف على فعل ذلك معللًا حقه في المسمار، وظل جحا يذهب يوميًا للرجل بحجة مسماره العزيز، وكان يختار أوقات الطعام ليشارك الرجل في طعامه، فلم يستطع الرجل الاستمرار على هذا الوضع، وترك المنزل بما فيه وهرب وأصبح الناس يتخذونه مثلًا يضرب عند استخدام الحجج الواهية للوصول إلى الهدف المطلوب.

وهناك رواية ثانية عن قصة مسمار جحا تقول: كان لجحا دار واسعة ولحاجته للمال عرضها للبيع دون أن يفرط بها تمامًا، بحيث يأخذ المال ثم يستعيد البيت بعد زمن فوضع سعرًا معقولًا للبيت ومبلغًا إضافيًا كبيرًا على مسمار وضعه في الحائط، فكل من يأتي لشراء البيت يعترض على سعر المسمار إلى أن وجد شخصًا يشتري البيت دون المسمار حيث فكر الشاري ماذا سيفعل جحا بهذا المسمار؟ حيث كان شرط جحا في عقد البيع أنه يستطيع أن يفعل بالمسمار ما يشاء، وبعد أيام من إتمام العقد أتى جحا لتفقد مسماره، ففتح له الشاري ورحب به وقدم له الطعام والشراب وتكررت زيارات جحا على هذا المنوال إلى أن ضاق الشاري الجديد ذرعًا من جحا ومسماره فترك له البيت وولى هاربًا...

إجا مين يعرفلك يا بلوط

عاشت أرملتان متجاورتان في إحدى القرى، وكان عندهم كثير من الأولاد، فتزوجت الأولى بشخص اسمه بلوط والثانية بشخص اسمه بطوط، وكان بلوط يكره بطوطًا فكان دائمًا يشجع أولاد زوجته للمشاكسة والمشاجرة مع أولاد زوجة بطوط، وحدث إنه في إحدى المشاجرات القوية وإذا بحجر طائش يشج رأس بلوط من قبل أحد أبناء بطوط، فانتهت المشاجرات سريعًا ودون سابق إنذار، ومن هنا أتى المثل: إجا مين يعرفلك يا بلوط.

اللي بيختشوا (بيستحوا) ماتوا

يُحكى أنه في أحد حمامات النساء التي كانت منتشرة بمصر في القرن الماضي، وقد استبدلت حديثًا بالساونا، وكان يسميها المؤرخون مستعمرة العراة بسبب أن السيدات لا يخجلن من بعضهن وهم عراة.

حدث حريق بأحد هذه الحمامات وخرجت بعض النساء من الحمام من دون أن يعرن انتباهًا أنهن عراة، وكان كل همهن أن ينجوا من الحريق، أما من استحت أو اختشت منهن فقد قررن أن

يبقين في الحمام، وليقضي الله أمرًا كان مفعولًا أهون لديهن أن يخرجن وهن

بهذا المنظر أي عراة، فمات من في الداخل، وجاء المثل: اللي بيختشوا ماتوا.

حط بالخرج

يُحكى أن رجلَ دين اشتهر بالتقوى والفضيلة، وكان صاحب طريقة خاصة لعمل البر وإشاعة الخير بين الناس، لذلك كان يجمع الصدقات من الأغنياء ويوزعها على الفقراء، وهو يطوف على فرسه وبجانبه خرج توضع فيه الإعانات، فإذا تقدّم إليه أحدهم بمبلغ يقول له: حط بالخرج وكلما صادف محتاجًا يقول له: خوذ من الخرج حتى صار ذلك مثلا متداولًا.

حبل الكذب قصير

يُروى أن شخصًا كان مشهورًا جدًّا بالكذب، وحيثما حلّ يقولون أتى الكذاب، ولكن صادف أن هذا الرجل عنده ابن يحبّه كثيرًا، فقال: اه يا والدي

لا يليق بك أن تكذب هكذا فأجاب الأب: ليس بيدي حيلة ولا أستطيع التوقّف عن الكذب فاتفق مع ابنه على أن يربط برجله حبل ويشده قليلًا كلما كذب، ففي أول سهرة خرج الولد مع أبيه، وعندما وصلا قال الأب لاصحابه: البارحة اصطدت أرنبا وزنه خمسون كيلو، فشد الولد الحبل، فقال ثلاثين كيلو، فشد فقال عشرة كيلو، فشد أيضا فآلمه كثيرا، فصرخ من الغيض حسنًا ثلاثة كيلو، انقطعت رجلي صار الحبل قصير فضحك الجميع باستهزاء منه فرمى الحبل ومن بعد هذه الحادثة تاب عن الكذب ومن هنا جاء حبل الكذب قصير.

بيروح الشبعان بيجي الطفران

قصة هذا المثل أن بعض وجهاء بيروت رفعوا دعوة للباب العالي في حق الوالي بتهمة الرشوة واستغلال الوظيفة، فاستدعى الوالي الموقعين على العريضة وقال لهم: كبروا عقولكم فإن كل ما يدفعه الواحد منا ليصير واليًا يجب أن يحصله من الشعب، أي منكم، وأنا تراني جمعت ما فيه الكفاية وشبعت فهل تريدون أن يذهب الشبعان ويأتي الطفران؟

وفهمكم كفاية!

رجع بخفي حنين

قصة هذا المثل على الشكل التالي: كان حُنَيْن إسكافيًا - صانع أحذية- من أهل الحيرة، جاءه أحد الأعراب يريد شراء خفين من عنده، لكنّ الأعرابي أراد أن يأخذ الخفين بثمن بخس، فبدأ يساوم حُنينًا على سعر الخفين حتّى فقد الأمل من الجدال ورحل من دون أن يأخذ الخفين. غضب حنين من الأعرابي وقرّر أن ينتقم منه، فسبقه في الطريق ورمى أحد الخفين على الطريق، ثمّ ألقى الخفّ الآخر بعد بضعة أمتار، وانتظر متخفيًا إلى أن وصل الأعرابي إلى الخف الأول، فقال: ما أشبه هذا بخف حنين، لو كان معه الخف الآخر لأخذته. واستأنف طريقه فإذا بالخف الآخر مرميٌّ على الطريق فنزل عن ناقته والتقطه، فندم على تركه الأول وقد حصل على الثاني فعاد سيرًا ليأخذ الخفّ الأول، عندها خرج حُنين من مخبئه وأخذ الناقة بما عليها وهرب. عاد الأعرابي إلى قومه فسألوه: بم جئتنا من سفرك؟ فقال: جئتكم بخفي حنين، وجرت مثلًا أن يقال للخائب (عاد بخفي حنين).

عصفور في اليد خير من عشرة على الشجرة

يُقال هذا المثل للشخص الذي يتصف بصفة الطمع. هذا المثل له العديد من الروايات والقصص وكلها تؤدي إلى نفس المعنى؛ وأشهرها، كان: هناك شخص يحمل عصفورًا بيده وأثناء سيره وجد مجموعة عصافير على الشجرة، فطمع بهم، ومن شدّةِ الطمع ألقى بالعصفور الذي بيده لكي يستطيع الصعود إلى الشجرة والحصول على مجموعة العصافير كاملة، لكنّه لم يفكر أنّ العصافير ستطير بمجرد الوصول إليها. وبالفعل هذا ما حدث، وبقي وحيدًا حزينًا على طمعه، ومن هنا جاء المثل.

اختلط الحابل بالنابل

معنى المثل هو عدم استطاعة التفرقة بين الشيء الجيِّد والسيء وأخذ الجيِّد بذنب السيء، قصة المثل الحابل هو من يرمي بالرمح في الحرب والنابل هو من يرمي بالسهام، فالاثنان رُماة وقد يختلطان ببعضهما بعضًا، وفي رواية أخرى يُقال إنّ الحابل هو من يمسك بحبال الخيول والجمال وعندما يحمى وطيس النزال يختلط الجميع مع بعضهم ويصعب التفريق بينهم...

لا ناقة لي فيها ولا جمل

هي قصة الحارث بن عباد، الذي رفض المشاركة في حرب البسوس بين تغلب وربيعة، وقد كان سبب الحرب أنّ كليبًا قتل ناقة البسوس، فقام جساسٌ لقتل جمل كليب، لكنّه قتل كليبًا نفسه، فاشتعلت الحرب بين أبناء العمومة، ولما دعي ابن عباد إلى الحرب رأى أنّها حرب غير محققة لا لطرف الزير سالم أخي كليب المقتول ولا لطرف مرّة ابن ربيعة والد جساس القاتل، فأبى النزول وقال: لا ناقتي فيها ولا جمل، فصارت جملته هذه مضربًا للمثل تدل على البراءة من الأمر.

شمع الخيط...

يقال إن أحد الملوك حكم بالموت على أحد الأشخاص، فسأله عن طلبه الأخير قبل الموت، فطلب كبكوبة خيطان وشمع وطلب مهلة كي يشمع الخيط فطلب من الحارس أن يمسك طرف الخيط وصار يبتعد ليشمع الخيط بشكل متواصل، وعندما أحس بأنه ابتعد كفاية ترك الخيط وهرب... ومن هنا جاء المثل شمع الخيط.

السكافي بيحاكيك وعينو على صرمايتك
وابن الحكومة بيحاكيك وعينو على جيبتك

أي إذا دخلت على ابن حكومة لإجراء معاملة خلي إيدك بالجيبة جاهزة للدفع، حتى لا تضيع معاملتك بالجارور...

مثل الطلطميس ما بيعرف الجمعة من الخميس

الطلطميس: أي أعمى البصر والبصيرة.

قيل هذا المثل في الإنسان المدعي والعارف في الأمور ظاهريًا، ولكنه فعلًا هو إنسان غبي وجاهل وغير قادر أن يرى أبعد من أنفه.

حامل السلّم بالعرض

قيل في الشخص الذي يتدخّل في أمور لا تعنيه لا من قريب ولا من بعيد، وفي نفس الوقت فهو لا يجيد التصرف، أي يحشر أنفه في أمور فوق طاقته، وبمعنى آخر كمن يسبح عكس التيار.

عيش يا كديش لينبت الحشيش.

كديش: وهو من أنواع الدواب: أي أن الدابة ستهلك قبل أن ياتي العشب، وقيل في الوعد لزمن طويل وهو بنفس معنى: عالوعد يا كمون.

يا طالب الدبس من قفا النمس كفاك الله شر العسل

قيل إن النمس يضع قفاه في خلية النحل متحملًا لسعها ليبلله بالقليل من العسل ثم يلحسه لحسًا، وقيل في الخسيس عديم الفضل...

زمّر بنيّك

في أحد كتب الأديب الكبير سلام الراسي حول هذا المثل جاء: يُحكى أن رجلًا من إحدى القرى قرّر أن ينزل إلى المدينة لقضاء إحدى الحاجات، وما إن ذاع الخبر في القرية حتى جاء أحد جيرانه

وقال: "يا جار، الجار موصّى بالجار، أوصيك، بالله، أن تشتري لي طربوشًا من محل "شكري السمنة"، تحت لوكندة استراليا، ومهما كان ثمنه سوف أدفعه لك عند رجوعك بالسلامة، مع الشكر سلفًا .

ودخل الجار واتخذ له مكانًا في مجلس الرجل ومدّ حديثًا . ثم قدم رجل آخر، وقال :"بلغني الآن أنك ذاهب غدًا إلى بيروت... يا معّود! أنا بحاجة إلى مداس جديد أرجو أن تشتريه لي من محل عبّاس الطرطوسي، في آخر سوق أبو النصر، وسأدفع لك ثمنه، مع حبّة مسك، عند رجوعك بالسلامة... مع الشكر سلفًا".

ودخل هذا أيضًا واستوى في مجلسه، قرب الرجل الأوّل. ثم أقبل مختار القرية، وقال: "بلا أمر عليك! أرجو أن تشتري لي بساطًا شاميًا مثل البساط الذي اشتراه الحاج محفوظ، من محل أبو صفوان في سوق البزركان، وعند رجوعك بالسلامة أدفع لك ثمنه بالكمال والتّمام... مع الشكر سلفًا".

ودخل المختار وجلس مع الرجلين وشاركهما في الحديث.

ثم قدم خوري الرعية وقال :"يا سبحان الله ! كنت اليوم أبحث عمّن أوصيه على "بطرشين" جديدين، فما دمت أنت ذاهب غدًا إلى بيروت، وبالنسبة إلى حسن ذوقك في اختيار الأشياء اللاّئقة،

لذلك أطلب منك، برضا الله عنك، أن تقصد محل الديراني في محلّة السيوفي وتشتري لي بطرشين من أحسن جنس، ولا يكون لك أدنى فكر من حيث تسديد الثمن إليك، قريبًا إن شاء الله... مع الشكر سلفًا".

ودخل المحترم واتخذ لنفسه مقامًا في صدر المجلس .

ثم أقبلت إحدى النساء، وقالت: "يا "بو جبران" إيدي بزنّارك! بنتنا "نسطاس" مخطوبة، عقبال الأفراح عندكم، ونريد أن نهديها صندوق خشب جوز لجهازها، فالرجاء أن تشتريه لنا من سوق النّجارين، وسيدفع لك زوجي ثمنه... مع الشكر سلفًا".

ودخلت المرأة ولثمت يد الرجل وطلبت رضاه وجلست جانبًا.

وكان الرجل كلّما أوصاه أحد على حاجة واكتفى بالشكر سلفًا اكتفى هو بالقول: "حسب التيسير".

وجاء، أخيرًا، رجل وقال :"خود هاللّيرة " يا "بو جبران"، فإذا مررت قرب بائع الزّمامير أرجو أن تشتري لي بها زمّورًا أهديه إلى ابني بمناسبة العيد".

أجاب الرجل بصوت مرتفع :"زمّر بنيّك".

مثل حكم قرقوش

يضرب المثل بحكم قرقوش. يُقال إن قرقوش هو ملك أسطوري من أحكامه أنه صنع سريرًا مدّد عليه مواطني مملكته فمن زاد طوله عن طول السرير قطع مقدار الزيادة، وان قصر عن طول السرير شده ومطه.

النساء أولًا

هذه العبارة لها قصة عجيبة حدثت في إيطاليا في القرن الثامن عشر الميلادي، ومفادها أنه كان هناك شابٌّ من إحدى الأسر الغنية في إحدى مقاطعات إيطاليا وقع في حب فتاة من أسرة أقل منه في المستوى المعيشي والطبقات التي ينتمون إليها. اتفق الاثنان على الزواج، ولكن الشاب لقي معارضة من قبل أسرته والتي اضطرت لتهديده بعدم مباركة هذا الزواج. كثرت الضغوط على الشاب وعلى الفتاة وقررا أن لا يفرقهما إلا الموت، وبالفعل بعد أن كثرت الضغوط خافا أن يفترقا وقررا الانتحار وتوجّها إلى صخرة عالية جدًا ومطلة على البحر، عندها قررت الفتاه القفز أولًا ولكن الشاب منعها من القفز بحجة أنه لا يستطيع أن يراها تموت أمامه واتفقا على أن يقفز الشاب أولًا وبالفعل قفز الشاب

وسقط ومات، ولكن عندما رأت الفتاة هذا المنظر غيّرت رأيها وغدرت بالشاب وعدلت عن مرافقته في الموت ورجعت إلى البلدة وتزوجت شخصًا آخر من طبقتها وخانت حبيبها الذي ضحى بنفسه من أجلها... وعندما علم أهل القرية بذلك قرروا أن تكون النساء أول من يقوم بالأعمال.

ومن هنا جاء مثل (النساء أولًا) (Ladies First)

وقعت ابره بنص البير سمع الأطرش رنتها، وقال الأعمى خرمها كبير ونزل الأعرج ليلمها

إن هذا المثل يصوّر بشكل هزلي الجهلة الواهمين والمدعين الذين يعرفون كل شيء لكنهم في الواقع لا يعرفون شيئًا...

أجسام البغال وأحلام العصافير

لا يعجبنك أخشاب مسندة   جسم البغال وأحلام العصافير

وقال آخر:

لا يهولنك السوابغ والبيض   فمن تحتها قلوب العذارى

أي لا يغرنك المظهر الخارجي فقد ترى شخصًا كبير العضلات

مفتول الشوارب، لكن تفكيره وعقله محدودان.

وهذ يتطابق مع مثل آخر: الطول طول النخلة والعقل عقل النملة.

كذلك قيل: في ذوات الأحجام الكبيرة والعقول المحدودة والصغيرة.

ما بيقرقع بالدست إلا العضام

العضام: وهي العظام.

الدست: وهو القدر النحاسي الكبير.

يقصد بهذا المثل: فيمن علا وعظم صراخه وقلت قيمته وقدره.

موت الكلب عرس الثعلب

في هذا المثل صورة تشبيهية رائعة في الخسيس الذى يفرح بموت شبيهه، والطامع الذي تخلص من خصم عنيد ينغص عليه أفراحه.

الخبز المرقوق للحناك اللوق

الأحناك: مفرده حنك وهو الفك السفلي من الفم.

اللوق: أي المعوج والملتوي.

أي يعطي الحلاوة للي بلا أضراس، صورة فيمن زاد حظه عن قدره.

بعد ماكبر وشاب بعثوه عالكتاب

على حد قول الشاعر:

إذا ما المرء قصر ثم مرَّت عليه الأربعون مع الرجال
ولم يلحق بصالحهم فدعه فليس بلاحق أخرى الليالي

قيل هذا المثل فيمن ينهج نهجًا أو تصرّفًا ليس متناسبًا مع عمره...

طول عمره النجار بابه مخلوع

يضرب هذا المثل في الإنسان الذي يحرم نفسه من أشياء لا يملكها إلا هو، أي من أقرب الأشياء إليه أي بما معناه: الإسكافي حافي والحايك عريان.

اقرع سحب سحبة طلع له مشط

قيل في صاحب الحظ التعيس الذي ياتيه خير لا حاجة إليه به.

يا طالب الرهن من عصاعيص الكلاب

عن الذي يبحث عن ثروة أو جاه أو حتى معروف من أشخاص غير مؤهلين، وإن تلبية الطلب تكون في مكان آخر وليس عندهم.

بياكل الفيل وبيغص بالقملة

أو بمعنى آخر: بيشرب البحر وبيغص بالساقية.

قيل في الجشع الذي يتظاهر بالعفة والقناعة.

الخان ضيق والحمار رفاس

رفاس: من رفس أي لبط وداس. وهذا المثل ينطبق عليه قول الشاعر:

أريد ولكن يضيق الفؤاد فلست أنفذ ما قد أريد

لفقر المكان وفقر الجيوب كان النفس قيد الحديد

قامت الرعنا حتى تحوص كسرت الجرة والكوز

الرعنا: أي الرعناء والخرقاء التي لا تستعمل عقلها لتقدير الأمور.

تحوص: أي تتجول هنا وهناك.

الجرة والكوز: إناءان فخاريان لحفظ الماء.

وهذا يتطابق إلى حد ما مع المثل القائل: رحم الله امرءًا عرف حدّه فوقف عنده.

كنس المدينة بريشتين واحفر البير بابرتين ولا تحاكي حمار كلمتين

أي أنك تستطيع تكنيس مدينة بأكملها بواسطة ريشتي طيور، وهذا شبه مستحيل. كذلك أن تحفر بئرًا بواسطة إبرتين، وكل هذا أسهل عليك أن تكلم حمارًا كلمتين...

اذنب اللحام كمشوا السمان

على حد قول الشاعر:

ولرب مأخوذ ولم يقترف   ونجا المقارف صاحب الذنب

يعني:

طحان ما بيغبر على كلاس

يا مبتلي بالغرام ابزء على حالك

ابزء: وهي كلمة عامية معناها: ابصق من بصق أو تف.

على حد قول الشاعر:

أظني ضائقًا حمامي وأن المامه قريب

إذا فؤاد شجاه حب فقلما ينفع الطبيب

قال لاوجع إلاوجع الضرس ولاهم إلاهم العرس

قال له لاوجع إلاوجع العين ولاهم إلاهم الدَّين

لأنه الضرس عند قلعه يذهب وجعه العرس في مكان ما يمكن الاستغناء عنه، أما العين لا نستطيع اقتلاعها والدَّين لا مهرب منه.

مثل طويل جدًّا ولكنه يعطينا صورة في أن الدين من أصعب هموم الحياة .

بين البقر والجواميس راحت الضفادع معيس

معيس: من معس وعصر.

قيل هذا المثل في الناس الضعفاء عندما تأتي عليهم قسوة الكبار وجبروتهم.

لا تعاير أخاك باللي هو فيه، يبليك الله ويعافيه

على حد قول الشاعر

وقد تخدع الدنيا فيمسي غنيُّها   فقيرًا ويغني بعد بؤس فقيرها
فكم قد رأينا من تكدر عيشه   وأخرى صفا بعد أكدار مريرها

تفو عليه بعرو حامض

أو عينوا فيه وتفوا عليه.

وكلمة: "تفو" أي بصق.

يُحكى أن ثعلبًا كان يجول في إحدى القرى، وصدف أنه جاء إلى عريش عنب ليستريح في فيئها من أشعة الشمس الحارقة، فتمدّد أرضًا ورفعه نظره إلى الأعلى، فرأى عنقودًا من العنب يتلألأ مستويًا يغري الناظرين، ويسيل لعاب الآكلين، فهمّ أن

يتناوله فلم يستطع، لأنه في مكان عال حاول القفز عله يستطيع قطفه، إنما باءت جميع محاولاته بالفشل، فمشى مغتاظًا يشتمه ويلصق به العيوب، ويقول: "تفو عليه بعدو حامض" مش مستوي بعد... أو بمعنى آخر: عينو فيه وتفو عليه.

إن صح المريض من الله وإن مات من شكر الله

كان أحد الأطباء واسمه شكر الله يمارس الطب والعلم بنجاح في المناطق الريفية والشعبية التي تؤمن بالكثير من المعتقدات الشعبية القديمة، حيث كان يلم بكل تفاصيل حياتهم، وفي أحد المؤتمرات الطبية التى شارك بها الدكتور شكر الله عن مشاكل الطب بين أبناء الريف، وتطرق إلى الأوهام والمعتقدات وأوجز محاضرته في النهاية بهذه الجملة: إذا عاش المريض من الله وإن مات من شكر الله، وهكذا أصبحت تلك الجملة مثلًا...

النزل يا ذل حالو حتى لوكان بوزير خالو

إن النذل حتى لو كان في عائلته ما هو كأبي زيد الهلالي، ذي قوة وجبروت، فإنه يبقى نذلًا ذليلًا في عيون من حوله.

ما بيبول على إصبع مجروح

قيل في الإنسان الذي لا يُعرف لبخله حدود، الانسان الطماع والجشع غير المعطاء، والذي لا يحب الخير لغيره إنما لنفسه فقط...

ما بيعرف الخمسة من الطمسة

قيل في الإنسان الجاهل والمدعي أنه يعرف كل شيء، لكنه في المحصلة غبي لا يفقه شيئًا، وهناك أمثال تتمِّم هذا المثل وتعطي نفس المعنى:

– ما بيعرف ثلث الثلاثة كام.

– ما بيعرف كوعه من بوعه.

– ما بيعرف رجله من قرمية الملفوف أو من الخشبة.

مياهكم مالحة وجوهكم كالحة

قصة هذا المثل: حصل خلال حفل تأبيني بمناسبة وفاة أحد وجهاء قرية عيترون، وخلال هذا الحفل ألقيت عدة كلمات وكان حاضر الحفل "أبو علي"، وهو مشهور بالزجل والقراديات،

وأراد إلقاء كلمة بتلك المناسبة، لأن المتوفي صديقه وابن جيله، لكن عريف الحفل لم يفسح له المجال، فاستشاط أبو علي غضبًا ووقف أمام الحضور قائلًا: مياهكم مالحة ووجوهكم كالحة ويلعن دينكم كلكن وغادر الحفل غاضبًا.

آكلك ما إجاني ودخانك عماني

ما إجاني: أي لم يأت بعد.

قيل في الشديد البخل والذي يظن بالخير ولكن بالنتيجة لا يظهر منه إلا الأذى.

عنزه ولو طارت

قصة هذا المثل أن شخصين شاهدا شيئًا أسود في أسفل الوادي، وراحا يتكهنان ما هو، وكان كل منهم يعزِّز رأيه بدليل، فقال الأول: إنه عنزة، ورد الثاني: لا بل طائر، وهو يطير، فأجاب الأول: لا بل إنه عنزة ولو طارت...

لا يصلح العطار ما أفسد الدهر

على حد قول الشاعر:

عجـــوز تمنـــت ان تكـــون صبيـــة
وقـد يبـس الجنبـان واحـدودب الظهـر
تـروح إلـى العطـار تبغـي شـبابها
وهـل يصلـح العطـار مـا أفسـد الدهـر

مثل القملة براس الاقرع

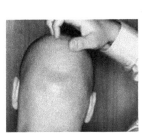

وحكاية هذا المثل أن أبا العبد
قد أوصى ابنه أن لا يسكن إلا حيث
تتزاحم الأقدام، وقال له: إذا بقيت في
القرية بقيت عيون الناس عليك، فاذا
غنيت حسدوك، وإذا نجحت راقبوك،
ومثل المثل: منظور مأسور مثل القملة
براس الأقرع.

دود الخل منه وفيه

قيل عن المفسد الموجود بين جماعة، وهو متولد منهم لكنه يكيد لهم دائما من حيث لا يدرون.

جارتنا ضيقة وبنعرف بعضنا

قيل في تكذيب من يدعي جاهًا أو سلطة أو أنه ملمٌّ بكل شيء، ولكنه في النتيجة هو لا شيء.

بياخذك عالبحر وبيرجعك عطشان

قيل في أصحاب الحيلة الواسعة، بالإضافة إلى الدجل والنفاق الشديد.

الحية إذا ما لاقت حرا تعضه بتعض بطنها

قيل في الناس الأشرار اللذين يوجد عندهم شوق دائم لإلحاق الأذى بالغير، وإذا لم يستطيعوا فإنهم لا يتورعون عن إلحاق الأذى بأنفسهم.

الطاقة اللي بيجيك منها الريح سدها واستريح

الطاقة: أي النافذة الصغيرة.

أي إذا وجدت شيئًا يؤدي دائمًا إلى إزعاجك، فعالجه بسرعة وذلك بإصلاحه أو إيجاد الحل المناسب له.

حملوه عنزة ضرط فكيف إذا حمل أكثر؟

قيل في الذي يدعي أنه يستطيع أن يعمل شيئًا فوق طاقته.

بطيختين بالإيد ما بينحملوا

بالإيد: يعني في نفس اليد.

في هذا المثل دعوة لأخذ الامور بالتعقّل والروية والتأني، وليس بالفوضى والسرعة.

اطلب من كريم ولا تطلب من لئيم

على حد قول الشاعر:

إذا أنت أكرمت الكريم ملكته　　　وإن أنت أكرمت اللئيم تمرّدا

ان كبر ابنك خاويه

خاويه: أي عامله معاملة الأخ، لا بل اجعله أخًا

على حد قول الشاعر:

وإن من أدبته في الصبا   كالعود يسقي الماء من غرسه

حتى تراه مورقًا ناضرًا   بعد الذي أبصرت من يبسه

لسانك حصانك إن صنته صانك وإن خنته خانك

على حد قول الشاعر:

يمـــوت الفتـــى مـــن عثـــرة بلســـانه

وليـس يمـوت المـرء مـن عثـرة الرجـل

لا طنجرتك بتغلي ولا مقلايتك بتقلي وأنا اجيت لعندك من قلة عقلي

الطنجرة: وهي القدر الذي يطبخ فيه.

البَخِيلُ

متل العصفور على الدبق بيقيم اير بتعلق اير

الدبق: وهي مادة لاصقة خضراء اللون توضع على الأغصان لصيد العصافير

وقد قيل هذا المثل في الذي يتخبط ما بين أزمة وأخرى.

على حد قول الشاعر

عن يميني وعن شمالي وقدامي　　　وخلفي فأين عنه أحيد

ألف دعوة من ابليس ما بخشت قميص

بخشت: أي خرقت ومزقت.

وهذا المثل تقريبًا نفس المعنى :

لو كان دعا الكلاب مستجاب لكان مات كل يوم ألف لحام.

أرمل تجوز أرملة ضيفوا بالعرس خبزة وبصلة

قيل في الفرحة غير المكتملة والتي لا يوجد فيها نضارة العرس.

كل ذقن ولها مشطها

في الذي يعرف أن لكل داء دواء ويحسن التكيف مع الظروف...

لقمة برياحة ولا دجاجة بصياحها

رياحة: أي راحة والرضى بالقليل والمريح بعيدًا عن الصخب والصراخ.

عاشر الشقي بتشقى وعاشر التقي تتقى وعاشر خيار الناس لابتتعب ولابتشقى

خيار الناس: أي أحسن الناس، والمعتدلون في الخير والشر وهم مميزون عندها يبتعد عنك التعب والشقاء.

الصيف كيف والشتاء شرة والربيع ينبوع

كيف: أي سرور.

الشتاء شدة: لانقطاع الموارد.

الربيع ينبوع : لتفجر الينابيع ولجمال هذا الفصل.

الله يلعن الزبانة اللي بتعتاز وسخ الكلب

تعتاز: أي تحتاج.

أي أن الدنيء والخسيس يحتاج لمن هو أكثر خساسةً منه.

كل الدروب بتوصل عالطاحون

اختلاف في الأسلوب للوصول إلى نفس الهدف...

اللي بياكل العصي ما نو متل اللي عم يعدها

يعطي صورة عن المتألم والمتفرج عليه.

فوائد التدخين

- المدخن لا يصاب بالشيخوخة: لأنه يموت في شبابه.

- يتعرف دائمًا على أصدقاء جدد: لأنه كل يوم عند طبيب جديد.

- لا يدخل اللصوص إلى بيته: لأنه يسعل طول الليل.

- لا يزوره الناس والأقرباء كثيرًا: لأن رائحته كريهه ومقززة.

لا تعادي صديق ولو كفر ولا تأمّن لعدو ولو شكر

الصديق يرجع عن غيّه إذا أخطا ويعتذر عن الخطأ، أما العدو حتى ولو أظهر مودة فهو دائم التربّص.

أهلك أهلك ولو رموك على مهلك

حب الأهل حتى ولو أساؤا... على حد قول الشاعر:

بلادي وإن جارت علي عزيزة   وأهلي وإن بخلوا علي كرام

ما فيه شجرة وصلت لعند ربها اللا بعثلها نسمة هواء تكسرها

وينطبق على هذا المثل:

ما طار طائر وارتفع إلا كما طار وقع

قبل ما تقول للرجاجة كش اضربها واكسر اجرها

إجرها: أي رجلها.

في السرعة واعتماد الفعل قبل القول.

خليها بالقلب تجرح ولا تطلع لبرا وتفضح

قيل في الصبر والنفس الطويل في حالة التعرض لمكروه من الأقارب أو الأصدقاء، وصدق المتنبي إذ قال:

ولا تشك إلى خلق فتشمته   شكوى الجريح إلى الغربان والرخم

وكن على حذر للناس تستره   ولا يغرك منهم ثغر مبتسم

درهم وقاية خير من قنطار علاج

الدرهم وهو قطعة نقد صغيرة والمثل هنا يشرح نفسه بنفسه.

اقطع راس الحية قبل ما تمروا وتعضك

على حد قول الشاعر:

لا يخدعك من عدو دمعة   وارحم شبابك من عدو ترحم

اضرب هالطينة بالحيط إذا ما لزقت بيعلم مطرحها

كذلك على حد قول الشاعر:

وليس الرزق على طلب حثيث   ولكن الق دلوك في الدلاء

تجئ بملئها طورًا وطورًا   تجئ بحماة وقليل ماء

الحمار إذا وقع بجورة أول مرة، بيحير عنها بالمرة الثانية

وقع: أي سقط.

جورة: أي حفرة.

لمن لا يعتبر ويستفيد من أخطائه.

كشر عن انيابك كل الناس بتهابك

كشر: أي برز أسنانه بتعالٍ وامتعاضٍ.

تهابك: أي تخاف منك وتحسب لك ألف حساب.

الكريم إذا نزل على جهنم بيسقوه ليموناضة

قيل في احترام وحب الناس للإنسان الكريم...

قال يا شعبان ليش ما بتجي برمضان؟
قال له: كل شي بوقته حلو

قيل في التصرف الحسن حسب مقتضيات الأمور وفي الوقت المناسب.

اللي بتستنى كسوة جارتها بتنام عريانة، واللي تستنى لقمة جارتها بتنام جوعانة

بتستنى: أي تنتظر.

كسوة: أي ثياب.

وهو دعوة للاعتماد على النفس وعدم الاعتماد على الغير.

بالوجه مراية وبالقفا صرماية

القفا: أي الخلف.

صرماية: أي حذاء.

على حد قول الشاعر:

يعطيك من طرف اللسان حلاوة   ويروغ منك كما يروغ الثعلب

غاب القط افرح يا فار

وذلك في استبداد صغراء القوم ومحاولة السيطرة على ما حولهم عندما يغيب أصحاب الرأي والكبار فيهم.

بعد ما كنت ستها صرت زمر بعرسها

ستها: أي سيدتها وربة عملها.

قيل في الإنسان الذي يذل بعد رفعة.

كل ما فشخنا فشخة لادام بنرجع ثلاثة لورا

فشخنا: أي خطونا خطوة باتجاه الأمام.

لورا: أي إلى الوراء أو إلى الخلف.

المعنى في قلت الشاعر:

محتار بأمرو بو الياس   ليش الناس جناس جناس

فيه ناس بتركب عجحاش   وفيه جحاش بتركب عالناس

المعتر إذا ركب عالجمل بيعضه الكلب

المعتر: هو الانسان الحزين المغلوب على أمره.

من برا هللا هللا ومن جوا يعلم الله

أي بما معناه أن الأشياء أو المنظر الخارجي لا يعكس تمامًا ما في داخلها، وهناك مثل شبيه:

من برا طرنطقشه ومن جوا... محشي...

أو: بكرا بيذوب التلج وبيان المرج...

إذا كنت بحبك سترت عيوبك وإذا كنت ابغضك كثرت ذنوبك

قيل في الصداقة والعداوة، وأيضًا في المحبة والبغضاء.

مثل الزيتون ما بيحلى إلا على الرصّ

رصّ الزيتون: أي معسه وجعله جاهزًا لكي يصبح حلو المذاق وجاهزًا للأكل.

والمعنى أن بعض الناس لا يمكن التعامل معهم إلا باستعمال الشدة والقسوة.

اللي بيحطك عند بوز الكلب حطوا عند ذنبه

البوز: أي الفم.

قيل هذا المثل في معاملة الناس بعضها لبعض.

ضرب الحبيب زبيب

وبعض الظالمين وإن تناهى   شهي الظلم مغتفر الذنوب

الحبس للرجال

وهو نوع من العزاء ورفع المعنويات للمحبوس.

على حد قول الشاعر:

قالوا: حُبِسْتَ فقلْتُ ليس بضائر   حبسي، وأي مهند لا يُغمدُ

كثر العتاب بيهرب الأحباب

لأن العتاب أحيانًا يكون مرًّا وفيه كسر للقلوب لذلك كثرته

تنفر الأحباب...

اللي أبوه كلب لازم يعوي

قيل في الإنسان الذي يتأثر بنشأته.

عطوا الحمار وردة آكلها

عطوا: أعطى وهي العطاء.

قيل في الذي لا يفقه تقدير الأشياء ولا الجمال إلا بطريقة معكوسة، ولا يفكر إلا في تعبئة بطنه.

عند البطون تضيع العقول

الشهوات التي تدفع بالإنسان إلى سلوك غير لائق فقط في سبيل نفسه بغض النظر عمن حوله.

الير اللي ما بتقدر عليها بوسها وادعي عليها بالكسر

مداراة ومصانعة أو مداهنة تركها الظالمين المستبدين في نفوس وعقول الناس العاديين ليتعلموا الانتهازية علهم في وقت ما قد يصلون إلى مرحلة التخلّص من تلك اليد...

الأغنيا البخلا متل الحمير بتشيل ذهب وبتاكل شعير

على حد قول الشاعر:

كالعيس في البيداء يقتلها الظما   والماء فوق ظهورها محمول

مش كل مكبل جوز ولاكل مطاول موز

مكبل: أي مكور ومستدير.

وعلى حد قول الشاعر:

إذا رايت نيوب الليث بارزة   فلا تظنن أن الليث يبتسم

بنقول ثور أو تيس بيقول حلبوه

تيس: وهو ذكر الماعز والثور هو ذكر البقرة.

يُقال في الغبيّ المتعنّت الذي لا يفقه حديث من يخاطبه...

يعمل من الحبة قبة ومن الزبيبة خمارة

قيل في الذي يعظم ويضخّم الأمور ويهولها ويؤلّف القصص والروايات على أمور بالكاد تكون قد حصلت.

تيتي تيتي متل ما رحت متل ما جيتي

قيل في السخرية ممن ذهب ليفعل شيئًا، ولكن خاب مسعاه وعاد كما ذهب يجر أذيال الخيبة...

كمن لسان حاله يقول:

يا سفرة ما عدلت   خر... بدقن صحابها...

من جرب المجرب صار عقله مخرب

هذا المثل يشرح نفسه بنفسه...

حكى بدري وانشرح صدري

في المثل نوع من السخرية ممن يبطئ في التكلم ويخطئ في نفس الوقت أو يتكلم كلامًا في غير موضعه وفي وقت غير مناسب.

كل حبه مسوسة والهاكيال أعمى

كيال: أي الذي يكيل الحنطة والحبوب.

والها: أي لها أو عندها.

لاتفرح كتير بالنزلة بكرة بتتعب بالطلعة

في هذا المثل دعوة للتبصّر بالأمور قبل فعلها.

وهناك مثل مشابه إلى جد ما: ما فيه طلعة إلا فيه قبالها نزلة.

اللي بيحميك من البرد بيحميك من الحر

أي أن الإنسان الجيد يظهر خيره في كل المناسبات والفصول.

كتر الشد بيرخي

أي أن القسوة تدفع بالمظلوم إلى محاولة التخلّص من الظالم.

حط كلب يحرس دارك وحط قط ياكل فارك ولاتحط إنسان يكشف أسرارك

عدم الثقة بالناس والتشاؤم بشكل عام...

ابعد عن الشر وغني له

خوف ومداراة من الشر بالغناء له حتي لا يقترب...

كنسي بيتك ما بتعرفي مين بيروسو
وغسلي وجهك ما بتعرفي مين بيبوسو

الاستعداد الدائم لكل الحالات الطارئة وجميع المناسبات وفي كل الأوقات.

المال السايب (أو الراشر) بيعلم الناس السرقة

السائب أي المهمل والمتروك بدون حماية والداشر لها نفس المعنى.

ما بيحك جلدك إلا ظفرك

على حد قول الشاعر:

ما حكّ جلدك إلا ظفرك　　فتولَّ أنت جميع أمرك

وشاعر آخر:

ما حك جلدي بلذة غير ظفريا　　ولا سعى لخيري إلا رجليا

إذا سلمت من السبع لا تطمع بصيره

كن واقعيًّا ولا تتهور...

شوف شو معك وشوف شو عليك وعلى قد بساطك مد رجليك

على حد قول الشاعر:

لعمرك ليس إمساكي لبخلي ولكن لا يفي بالخرج دخلي

وفي طبعي السماحة غير أني على قدر الكساء مددت رجلي

قلبي على ولدي انفطر وقلب ولدي عالحجر

قيل في حنان الوالدين وقسوة الأبناء، وهو أن قلب الوالدين من شدة الحنان قد انشق بينما عند الأبناء يكون قاسيًا كالحجر.

القمح اللي ما هو إلك لا تحضر كيله بتغبر نفسك وبتتعب بشيله

هو دعوة للتخلي عما هو ليس للفرد ولا يرتبط به من مصالح واهتمامات، لأنه قد تتعب نفسك من دون فائدة ترجى لذلك يجب الابتعاد عنه.

مثل تنابلة السلطان

وقصة تنابلة السلطان طويلة:

"لهم حكاية شهيرة في التاريخ" تقول الحكاية إن أحد السلاطين إبان الحكم العثماني، وهو السلطان عبد الحميد، كان قد أمر ببناء دار للمسنين والعجزة في بغداد، يدخل إليها الرجال الذين تقدّم العمر بهم وأصبحوا عاجزين عن الإنتاج والعمل، والمقعدين عن الحركة والمشي، وممن ليس لهم أحد يتكفّل بإعالتهم من الأهل والأثرياء، ورصد السلطان مبلغًا محترمًا من المال لصرفه على أولئك العاجزين. ولكن ما لبث أن أخذ بعض المتسولين والشحاذين يقصدون تلك الدار ليأكلوا فيها ولإيجاد مأوى مدعين أنهم من العاجزين، فيأكلون ويشربون وينامون دون أي تعب ودون دفع أي مقابل. فأصبح دار المسنين والمقعدين هذا – مع مرور الوقت– يعيش فيه ما هبّ ودبّ من الكسالى والمتعاجزين والتنابلة والعاطلين عن العمل والهاربين من مشاق الحياة.

ذات يوم، جاء السلطان لزيارة تلك الدار، يتفقّد أحوالها فرأى فيها العجب العجاب: رجالًا بصحة جيدة وشبابًا أقوياء، كسالى لا همّ لهم إلا الأكل والنوم، وموظفين يضيعون أموال الدولة التى تنفق على هؤلاء الكسالى، هباءً منثورًا. ثارت ثائرة السلطان وتملكه الغضب، وصاح بمن حوله: "ألهؤلاء التنابلة أمرنا بإقامة هذه الدار؟ أم للمسنين والعاجزين والمقعدين؟... خذوا هؤلاء التنابلة الكسالى واقذفوا بهم في نهر دجلة لأنهم عالة على الدار والدولة.

أسرع الحرس لتنفيذ أمر السلطان، فأخذوا التنابلة ووضعوهم في عربة كبيرة، من عربات النقل التي تجرها الخيول، واتجهوا بهم نحو نهر دجلة لإلقائهم فيه. وبينما هم في طريقهم صادفهم رجل يحب الخير وبنفس الوقت من أثرياء بغداد، فأستفسر من الحراس عنهم فقالوا له إنهم في طريقهم لتنفيذ أمر السلطان بإلقاء هؤلاء التنابلة في نهر دجلة، لانهم بكامل قوتهم البدنية لكن لا يريدون تأدية أي عمل، وبنفس الوقت يعيشون عالة على غيرهم، عندها حن قلب المحسن الثري، وقال للحراس: أنا أستطيع أن آويهم عندي في مزرعتي الكبيرة لوجه الله تعالى، وكسبًا للمغفرة، وفي مزرعتي أبقار كثيرة أجلب لها كل يوم مقدارًا كبيرًا من الخبز اليابس لتغذيتهم، فليأتِ هؤلاء التنابلة إلى البستان حيث

فيه سواقٍ كثيرة ليسكنوا فيه ويتقوتوا من ذلك الخبز اليابس بعد أن يبلوه بالماء الجاري في تلك السواقي، فيلين فيأكلونه، وكان بعض التنابلة يستمعون إلى كلام ذلك الرجل المحسن، فسأل أحد التنابلة ذلك المحسن: ومن ذا الذي سيقوم بوضع الخبز بالماء حتى يلين؟؟! فرد الرجل المحسن: أنتم طبعًا، عندها صاح التنبل بسائق العربة: أسرع بنا إلى نهر دجلة لتنفيذ أمر السلطان، أي أنه فضل الموت على أن يخدم نفسه بنفسه!!! ومنذ ذلك الحين ما زال الناس يستعملون تعبير تنابلة السلطان على من يعيشون في كنف السلاطين والحكام لا عمل لهم في الحياة إلا التطبيل والتزمير لهم، فإذا غني سلطانهم طربوا وإذا مرض مرضوا وإذا بكى ندبوا وإذا تكلم صفّقوا...

كلمة تنبل تعني البلادة واللامبالاة والكسل والتعطيل وموت الإحساس وعدمه. ويقول الناس: هذا تنبل، أي إنه لا يحسن التصرّف، غير قادر على تحمّل أعباء المسؤلية بأي شكل من الأشكال. أو أنه ليست لديه حنكة وحكمة في النظرة إلى الأشياء. وفي كتب اللغة نقرأ كلمة: التِنْبال والتِنْبَل والتِنْبالة بمعنى الرّجُل القَصِير، كما في لسان العرب لابن منظور. وقيل: إن كلمة تنبل تركية: تستخدم بمعنى الكسول، والبطيء... ومن هنا جاء هذا التشبيه أو المثل...

لا تحلق ذقنك بين اثنين واحد بيقول طويلة وواحد بيقول قصيرة

قيل في النهي عن استشارة عدد من الناس في موضوع وذلك لتضارب أفكارهم في الموضوع الواحد وذلك حتى لا تقع في حيرة القرار، لذلك اجعل قرارك بنفسك.

اذا تفرقت الغنم قادتها العنزة الجربا

إن الفاسد يجد في الجماعة المتفرقة مناخًا وبيئةً مناسبةً لهيمنته وسيطرته.

الحجر اللي ما بيعجبك بيفجك

في الإنسان الذي ظاهريًا ضعيف ويفاجئك بقوته وفتكه.

إذا كنت من الكبار لا تخلي على حيطانك غبار

الكبار: أي كبار القوم.

هذا يعني أن الشرف والنقاء والنزاهة هو في نظافة النفس والروح.

مثل المي من تحت التبن

المي: أي مثل الماء تجري مغطاة بالتبن ولا يراها أحد.

يعطي صورة رائعة عن الخبيث

يا صبر أيوب

أيوب: نبي عرف بصبره الشديد.

قيل في الصبر والتحمّل عند الشدائد.

ما بيلحم القصرير إلا على التنك

قيل في الأشياء المتجانسة التي تشبه بعضها، وهناك مثل آخر له تقريبًا نفس المعنى: إن الطيور على أشكالها تقع.

اللي بيدهن وجهه بالنخالة بتاكله البقر

قيل في الشخص الذي يتسبّب لنفسه الأذى والشتائم نتيجة سوء تدبيره.

لو كان البومة فيها خير ما ماكان الصياد تركها

إن الشيء قليل القيمة يهمل لتفاهة قدره.

ألف كلمة خوذ ولا كلمة هات

الإنسان عادة ما يتضايق من الكلمات المكررة ويرضى بالكلمة الموجزه القصيرة إلا إذا كانت كلمة: هات.

قال أحد الشعراء في البخيل:

ضحوك بشوش إذا قلت خذ   وإن قلت هات تراه حرن

ما بينسي المر إلا الأمر منه

الآلام الكبيرة والعظيمة تُمحى بآلام أشد منها وأعمق.

قالوا للبغل مين أبوك قال لهم خالي الحصان

يضرب هذا المثل فيمن يتنكر لجانب من أصله الرديء منتسبًا بنفس الوقت إلى فرع حسن من أقاربه.

ياكتر صحابي لمن كان كرمي دبس
ويا قلة اصحابي لما صار كرمي يبس

كرمي دبس: أي الكرم الكثير العنب والزبيب.

كرمي يبس: أي الكرم اليابس، وعلى حد قول الشاعر::

وما أكثر الإخوان حين تعدهم   ولكنهم في النائبات قليل

القرعة بتشوف حالها بشعرات بنت خالها

قيل في الإنسان الفارغ الذي يعتز ويفتخر بقريبه وليس بنفسه.

السبع سبع ولو قلعوا ناباته والكلب كلب لو طوقوه بالزهب

يشير هذا المثل إلى أن الناس بمعادنها وليس بالمظاهر، فالإنسان الجيد يبقى كما هو مهما جار الدهر عليه، والسيء يبقى كذلك حتى ولو رصعوه بالذهب.

عم حكيك ياكنة لتسمعي يا جاره

الكنة وهي زوجة الابن ويستعمل المثل في المخاطبه بأسلوب غير مباشر.

يا شاري الهم من قلب صاحبه

في الإنسان الفضوليّ الذي يتدخّل فيما لا يعنيه ودائمًا يسمع ما لا يرضيه.

آه يا زمن إجا قلب العلب السباع ماتت والكلاب نصبت خيم

قلب العلب: أي تغير الحال.

إجا : أي جاء وأتى.

فيه رثاء لأهل الأخلاق والمكارم.

بالوجه مليح وبالقفا قبيح

على حد قول الشاعر:

يعطيك من طرف اللسان حلاوة ويروغ منك كما يروغ الثعلب

وهناك مثل آخر له نفس المعنى: بالوحه مراية وبالقفا صرماية

الخير بالخير والبادي أكرم والشر بالشر والبادي أظلم

البادي: أي البادئ، قيل في المعاملة بالمثل...

الثوم بيقول للبصل . . . ريحتك يا بصل جايه

جايه: أي آتية وقادمة.

قيل في السيء والذي رائحته تفوح إلى بعيد، ويعيّر شبيهًا له بنفس ما يملك.

إن لم تستحِ فافعلْ ما تشاء

على حد قول الشاعر:

إذا لم تخشَ عاقبة الليالي		فافعل ما تشاء

فلا والله ما في الدين خير		ولا الدنيا إذا ذهب الحياء

جاجة حفرت وعلى راسها عفرت

عفرت: أي تغبّرت وهي من العفر أو التراب.

جاجة: أي الدجاجة.

أي من يعمل سوءًا يؤذي نفسه أولًا.

اللي ما بتعمل متل جارتها بتطق مرارتها

قيل في غيرة النساء من بعضها.

اتقن شغلتك ولو كانت سخرة

سخرة: أي بلا أجر.

مثالية في المعنى الظاهري أي يجب المثابرة وإتقان العمل أو المهنة بشكل جيد.

لا تجعل الدنيا همك مالك منها غير لقمة تمك

تمك: أي فمك.

لقمة: يقصد بها الطعام أو القوت.

قبل ما تعطي وتتصرق عبي بطنك واتشرق

عبي: أي املأ

تشدق: معناها فتح فمه بطريقة التثاؤب.

الجار للجار ولو جار

ولو جار: أي لو ظلم

على حد قول الشاعر:

ومن يصبر على إيذاء جار   سيملك داره وله القرار

اللي ما ذاق المغراية ما بيعرف الحكاية

المغراية: وهي آلة غلي الغراء.

أي أن المسالة والقضية لا يعرفها إلا من ذاق طعمها ومرارتها.

كل ما دق الكوز بالجره قم يا حميران اطلع لبره

الكوز والجره هما وعاءان فخاريان يستعملان للماء ولقاؤهما كثير الحدوث حيث يعبأ الأول من الثاني

لبره: معناه إلى الخارج.

وقد قيل في الناس المتسرعين.

ربك رب العطا بيعطي الفرش على قد الغطا

هذا المثل يُقال في العناية الإلهية.

هذا زمن المحل الجري بيفز عالفحل

يصور هذا المثل انقلاب الموازين الطبيعية...

بعد ما كبر وشاب بعثوه عالكتاب

شاب: أي غزا الشيب رأسه.

بعثوه: أرسلوه.

الحيطان لها آذان

وقصة هذا المثل أن ملكة بريطانيا كانت تبني القصور وتضع فيها آلات تنصت في كل مكان، انتبه أحد وزرائها إلى هذا الأمر، وقال لزملائه: انتبهوا الحيطان لها آذان.

اربط الحصان عند الحمير بيتعلم النهيق

إن كل حي يرزق يتأقلم مع البيئة التي يوضع فيها.

جيتك يا عبد المعين لتعين

هناك مثل آخر قد يتطابق بمعناه مع هذا المثل:

فكرنا الباشا باشا طلع الباشا زلمة.

رافق المسعر تسعر رافق الغراب بيرلك عالخراب

وهناك أيضًا مثل قريب بمعناه وهذا المثل:

قل لي من تعاشر أقل لك من أنت

أو: إن الطيور على أشكالها تقع

فيه بقلبي صرا وما بحبش حرا

صدا: معناها الصدأ.

بحبش: أي لا أحب.

القرد بعين إمو غزال

قيل في نظرة الأم لأبنائها ورؤيتهم أجمل ما في الكون حتى لو كان فيهم عيوب.

يا ما تحت السواهي دواهي

قد يكون تحت الرماد جمر.

امشي على مهلك حتى توصل بسرعة

قيل في الشيء المحفوف بالمخاطر، فالتسرّع مرفوض لضمان الوصول إلى النتائج السليمة.

بوس الأيادي ضحك عاللحى

قيل في المتملقين الذين يحبون المداهنة وتبييض الطناجر.

إن ما خربت ما بتعمر

بنطبق معه المثل القائل:

اشتدي أزمة تنفرجي.

الديك الفصيح من قلب البيضة بيصيح

أي الأذكياء سيماهم في وجوههم ومنذ الصغر.

لا تشكيلي لابكيلك

تشكيلي: أي تشكو لي، تبكيلك: أي تبكي لك.

امشي بجنازة ولاتمشي بجوازة

لأنه إذا دخلت في أمر زواج وتعثر ذلك الزواج، فأنت المسؤول حتى ولو كنت فاعل خير.

الخبر اليوم بمصاري بكرا ببلاش

أي لا تستبق الأمور: كل شيء بأوانه حلو.

دق الحديد هو وحامي

قيل في الإقدام فورًا وعدم الانتظار.

ابنك لاتعلمو الدهر بيعلمو

قيل في إعطاء الفرصة للأبناء لكي يتعلموا من تجاربهم في الحياة.

اعمل خير وارميه بالبحر أو اعمل مليح وكب بالبحر

قيل في عمل الخير دون تمنين.

إضحك تضحك لك الدنيا

قيل في النظرة المتفائلة دائمًا.

أعطي الخبز للخباز ولو أكل نصو

الإنسان المناسب في المكان المناسب والعمل المناسب.

اصبر عالحصرم بتاكلو عنب

قيل في الصبر والتروي حتى نيل المراد لأنه:

إذا فات الفوت ما بينفع الصوت.

المبلل ما بيخاف من المطر.

وبمعنى آخر: أكثر من القرد ما مسخ الله.

ما كل ما يتمنى المرء يدركه تجري الرياح بما لا تشتهي السفن

كل دواء يستطب به إلا الحماقة أعيت من يداويها

عداوة العاقل أقل ضررًا من مودة الجاهل

قيل في مصاحبة العاقل في كل الظروف.

الكلمة مثل السهم إذا خرجت فات الأوان على إرجاعها

قيل في التمهّل وعدم التسرّع في إطلاق الأحكام.

الصدق الو وجه واحد والكذب الو ألف وجه

قيل في تمييز الصدق عن الكذب.

رجعت حليمة لعادتها القديمة

هناك مثل له تقريبًا نفس المعنى: إلا قديمك ما يفيدك.

إذا كان صاحبك عسل ما تلحسو كلو.

اللي بيتو من أزاز ما يضرب الناس بالحجارة

أزاز: معناها زجاج أي أن كل إنسان لديه نقطة ضعف.

العين بصيرة واليد قصيرة

قيل في العازة ومحدودية الإمكانيات.

طب الطنجرة عتمها بتتطلع البنت لامها

البنت تأخذ وتتعلم الكثير من أمها.

ابن الاصل لو طعميتو خبز بيصون
وقليل الاصل لو طعميتو لحم بيخون

قيل للتفريق ما بين الإنسان الأصيل والإنسان الخوان.

مش كل أصابعك متل بعضهم

قد تجد في نفس العائلة الصالح والطالح.

أبوها راضي وأنا راضي وانت شو دخلك يا قاضي

قيل فيمن تدخل فيما لا يعنيه.

آخر الطحن قرقعة

في النهايات غير المتوقعة.

إن لم تكن ذئبًا أكلتك الذئاب

قيل في التأقلم في مجتمع قاس، وأن تكون كما يكونون وإلا قضي عليك.

ماكل شارب وهالجمل راكب

قيل في الاتكالية وعدم المسؤولية.

عابب ولا تحسر

العابب: معناها نافس.

ذنب الكلب أعوج

أو: وضعوا ذيل الكلب بالقالب أربعين سنة ولمن شالوه بقي أعوج.

الزبيبة ما تشبع لكنها تطيب الخاطر

ويضرب هذا المثل في المواقف التي تدعو إلى مساعدة المحتاجين، والفقراء، وتطييب خاطرهم ولو بأبسط الأشياء.

عزر أقبح من ذنب

فيمن يقول ويختلق الأعذار التي هي دائمًا في غير محلها.

اتق شر من أحسنت اليه

تنبيه من قليل الأصل والمعروف.

خير الكلام ما قل ودل

التكلم في الوقت المناسب بالقدر المناسب.

الدهر يومان: يوم لك ويوم عليك

عدم توقع الجيد دائمًا فهناك ما يخبئه القدر.

العجلة من الشيطان

قيل في عدم العجلة والتأني.

من راقب الناس مات هما

قيل فيمن يتدخل فيما لا يعنيه لأنه حتمًا سيسمع ما لا يرضيه.

صار للشرشوحة مرجوحة

قيل في الإنسان غير المستحق عندما يصل إلى مبتغاه.

إجاك الموت يا تارك الصلاة

قيل في انكشاف شخص بعد فعل شنيع أو ذنب ارتكبه.

للأمثال تتمة وللكلام تتمة أيضًا...

اللي عاجبو عاجبو واللي مش عاجبو ينتف حواجبو

في فرض الأمر الواقع كما هو وبدون نقاش.

ضربني وبكى وسبقني واشتكى

قيل في الانتهازيّ والوصوليّ بغض النظر عن الوسيلة.

قعروا يا حمير تيوصلكن الشعير

قيل في الإنسان الكسول الخانع الذي ينتظر أحدًا أن يطعمه.

الطول طول النخلة والعقل عقل الصخلة

الصخلة: العنزة بما معناه: أجسام البغال وأحلام العصافير.

إجريها عوج وبرها بابوج

البابوج: هو الحذاء.

يستعمل للدلالة على الوقاحة.

إذا كنت وحشة كوني نغشة

أي حاولي أن تكوني مهضومة بالرغم من بشاعتك حتى يتقبّلك الآخرون.

اقعد أعوج واحكي جالس

أي عليك أن تتكلم بمنطق متزن وسليم بغض النظر عن جلوسك ومجالسيك

اللي بيكبر فشختو بيوقع وبتنفك رقبتو

يقال في من يوسع مسيرته ومشاريعه أكثر من قدرته حتمًا سينتهي بالفشل.

يا مأمنة بالرجال يا مأمنة للمي بالغربال

إذا بقيت الماء بالغربال يمكنها أن تؤمن له.

عاملة السبعة وذمتها

كتير من الأحيان نكرّر الأمثال من دون معرفة معناها، مع أن قصة المثلتكون أحيانًا أجمل من المثل نفسه، ومن دون القصة فهمنا للمثل يكون ناقصًا، مثلًا: عاملة السبعة وذمتها، وما هي قصته؟

القصة حسب ما ذكرها الأستاذ ساطع الحصري بكتابه: «كلام

العوام بفضل أهل الشام» أنه في دمشق في زمن الوالي العثماني المصلح مدحت باشا، كان في خياطة بحي القنوات اسمها ميرفت مشهورة بشطارتها وكان الناس تسافر حتى من منطقة الميسات والمهاجرين لتخيط عندها، ومع الإصلاحات التي عملها مدحت باشا صارت توصل صور الملابس من أوروبا والموضة كانت وقتها الفساتين قبة سبعة مفتوحة والخياطة ميرفت كانت أول وحدة تعلمت كيف تعملهم وبعد فترة انتشرت الموضة وتعلمت كثير من الخياطات كيف يعملن فساتين القبة سبعة المفتوحة. لكن فجأة بطلت هالموضة وصارت الموضة الجديدة فساتين قبة سبعة مزمومة يلي كانت خياطتها صعبة ولم يكن أحد يعرف يخيطها غير ميرفت يلي صارت مشهورة كتير. ففي الوقت الذي كان الناس تروح لعندها وتبحث عنها كانوا يسألوا، اذا هالخياطة بتعمل السبعة، فإذا ردوا عليهم بأنها تعمل السبعة وزمتها (بحرف الزاي وليس الذال) يدخلون فورًا لعندها، ومن وقتها صارت القصة مثلًا متداولًا، ولكن مع الأيام تم تحوير المثل من خلال استبدال حرف الزين بحرف الذال وأصبح: بتعمل السبعة وذمتها أي أنها تفسر بمثل آخر: مسبعة الكارات...

ضاعت الطاسة

يسمع الكثير منا المثل القائل ضاعت الطاسة، ولكن الكثير لا يعرف قصة هذا المثل.

القصة الأولى:

يُحكى في إحدى الممالك كان هناك ملك وكانت زوجته حاملًا. اجتمعت الرعية لحضور ولادة ولي أو وليّة العهد، وكان في القصر داية (قابلة) وكانت موثوقة من الجميع، لأنها لا تكذب. دخلت الدّاية لتوليد زوجة الملك، وانتظر كبير الوزراء ليزفّ البشرى للملك إن كان الطّفل ذكرًا أم أنثى، سمع الوزير صراخ المولود فوقف عند باب الغرفة ليكون أوّل من يتلقّى البشرى، خرجت الدّاية، وسألها الوزير (بشّرينا)، فقالت: المولود ذكر وابن حرام. قال الوزير: ماذا تقولين؟ هذه زوجة الملك يا امرأة! قالت: أنا لا أغيّر كلامي المولود ابن حرام. فسألها الوزير: كيف عرفت؟ قالت: الطّاسة لا تكذب، كل طفل أضعه بعد الولادة في الطّاسة فإذا طفا يكون ابن حرام والعكس يكون ابن حلال. فقال الوزير أرني الطّاسة. أحضرت القابلة الطاسة، فأخذها الوزير وأمر برميها في البحر، وقال لها: والآن اخرجي وقولي للجميع ضاعت الطّاسة، فتكوني حفظت كرامة الملك ولم تكذبي.

القصة الثانية:

في عهد الأمير بشير الثاني الشهابي، أحد أمراء جبل لبنان، قام هذا الحاكم بتوحيد المكاييل، ووضع نظام الصاع، أي (الطاسة)، لتسهيل عملية مراقبة التجار والغش التجاري، والعودة إلى مرجع متّفق عليه، عند نشوب الخلاف بين التاجر والمستهلك، وذلك عن طريق صناعة نموذج لـ (طاسة) ذات حجم ومقاس محدّد، على جميع الباعة والتجار الالتزام به عند البيع والشراء، فتم إيداع (الطاسة) في مقر الإمارة. المهم، بعد فترة من الزمن، نشب خلاف على (الطاسة) التي يكال بها القمح (الصاع، بالبدوية الفصحى) بين عدد من التجار والمواطنين، فقرروا الاحتكام إلى الطاسة المحفوظة في مبنى الإمارة، لكنهم لم يجدوها، فقال الناس: (ضاعت الطاسة)، دلالة على انعدام المقاييس وضياع المعايير.

وهناك تفسير ثالث أن هذا القول مجازي؛ إذ هو كناية عن الفوضى العامّة، ومثل ذلك الطاسة ضايعة والتعبير مستعار من حمّام السوق وما يقع فيه من كلام مخلط إذا ضاعت الطاسة المعدّة لصبّ الماء على أجساد المُسْتَحِمّين حيث تعلو الأصوات والضجيج فلا يفهم أحد أحدًا.

أمثال متداولة:

- عقلاتو نص كم أو عقلاتو شغل إيدو.
- فوق الدكة شرطوطة.
- قالو للكذاب احلف قال إجا الفرج.
- كسر ايدو وشحذ عليها.
- مليح إنو إجت منك وما إجت مني.
- ناس بتاكل جاج وناس بتوقع بالسياج.
- وجهو بيقطع الرزق.
- يللي بيبيعك ببصلة بيعو بقشرتها.
- لومات لولو لولولولو.
- قال شو صبرك هالمر قلو الأمر منو.
- ما كل أبيض شحم ولا كل أسود فحم.
- القط بيحب خناقه.
- الملزق بيطيح والمسكت يصيح.
- إذا غلي عليك الضاني ميل عالحمصاني.

- الدنيا متل النورية ترقص لكل واحد شوية.

- التكرار بيعلم الحمار.

- الديك بيموت وعينو عالمزبلة.

- الفزع بيطير الوجع.

- اللي بياخذ من غير ملتو بيموت بعلتو.

- اللي بيحلف كثير بيكذب كثير.

- بعد هالكبرة جبه حمر.

- بيتفركش برماد سيكارة، أو: بيتشركل ببيضاتو.

- توب العياري ما بيدفي وإذا دفّى ما بيدوم.

- توبة العاصي خلال شهر وتوبة المقامر بعد دهر.

- تيس الجبل ولا فيلسوف المدينة.

- تيس المدينة بألف تيس.

- جحش الضيعة بذاتو أفهم مني بعقلاتو، وأجحش من جحش الضيعة اللي بيبين مصرياتو.

- جهل الختيار ما إلو دبار.

- حايص متل جاجة بدها تبيض.

- حط إيدو عتمو نسي أبو وإمو.
- حمار حملو عليه كتب فكر حالو بيعرف يقرا.
- خرية كلب ومقسومة.
- راح عالحصان رجع عالبغل.
- شو أحلى من العسل الخل ببلاش.
- اللي بياكل خبز السلطان بيحارب بسيفو.
- إذا ما بكي الطفل إمو ما بترضعوا.
- اشتغلت بالكفان بطل حدا يموت.

Printed in the USA
CPSIA information can be obtained
at www.ICGtesting.com
LVHW021211170923
758176LV00021B/48

9 786145 030447